NOUVELLE LOI ANGLAISE

SUR LA

MARINE MARCHANDE

(Merchant Shipping Act)

DU 15 AOUT 1876

Création d'un service d'inspection des bâtiments du commerce.
Police de la navigation dans les eaux anglaises.

TRADUIT DE L'ANGLAIS

Par HENRY DURASSIER

(Extrait de l'*Année maritime*)

PARIS

BERGER-LEVRAULT ET Cie, LIBRAIRES-ÉDITEURS

5, rue des Beaux-Arts, 5

MÊME MAISON A NANCY

—

1877

NOUVELLE LOI ANGLAISE

SUR LA

MARINE MARCHANDE

(Merchant Shipping Act)

DU 15 AOUT 1876

Création d'un service d'inspection des bâtiments du commerce.
Police de la navigation dans les eaux anglaises.

TRADUIT DE L'ANGLAIS

Par HENRY DURASSIER

(Extrait de l'*Année maritime*)

PARIS

BERGER-LEVRAULT ET Cie, LIBRAIRES-ÉDITEURS

5, rue des Beaux-Arts, 5

MÊME MAISON A NANCY

1877

NOUVELLE LOI
SUR LA MARINE MARCHANDE

(*Merchant Shipping Act*)
du 15 août 1876.

Cette loi, qui est en grande partie l'œuvre de M. Plimsoll, l'ardent défenseur des marins anglais, a pour but de créer un service d'inspection des bâtiments du commerce. On sait, en effet, que des armateurs anglais, propriétaires de vieux navires achetés à vil prix, ne craignaient pas de les envoyer à la mer et de les exposer à un naufrage certain en les surchargeant, afin de toucher les primes d'assurance. Cette horrible exploitation de la vie humaine a produit en Angleterre une émotion profonde qui s'est traduite, dans les villes maritimes, par une véritable agitation et des meetings nombreux. Le Parlement a donné satisfaction au vœu de l'opinion en votant la loi suivante, que nous avons traduite d'après le texte anglais :

ACTE MODIFICATIF

DES ACTES ANTÉRIEURS CONCERNANT LA MARINE MARCHANDE,
du 15 août 1876.

Plaise à Sa Majesté la Reine, après avoir consulté les lords spirituels et temporels réunis en parlement, et suivant leur avis conforme, ordonner ce qui suit :

I. — PRÉAMBULE.

Art. 1er. — Le présent acte pourra être invoqué comme acte de 1876 visant la marine marchande.

Interprétation de l'acte.

Art. 2. —Le présent acte sera considéré comme faisant partie de l'acte de 1854 relatif à la marine marchande, ainsi que des actes postérieurs qui l'ont modifié. Tous ces actes réunis pourront être cités sous la dénomination collective d'actes relatifs à la marine marchande de 1854 à 1876.

Mise en vigueur de l'acte.

Art. 3. — Le présent acte sera mis en vigueur à partir du 1er octobre 1876.

Néanmoins, toute décision royale et toute réglementation établies en vertu du présent acte pourront être promulguées à toute époque, après la passation du présent acte, mais leur mise en vigueur ne pourra pas avoir lieu avant celle du présent acte.

II. — NAVIRES IMPROPRES A LA NAVIGATION.

L'expédition en mer d'un navire non susceptible de naviguer sûrement constitue un délit.

Art. 4.—Toute personne qui expédiera ou essaiera d'expédier en mer un navire anglais en mauvais état et tel que l'existence de ceux qui le montent pourrait être compromise, sera réputée coupable de délit ou crime, à moins qu'elle prouve qu'elle a fait tous ses efforts pour s'opposer à l'envoi en mer dudit navire, ou qu'elle établisse que cet envoi, vu les circonstances, était nécessité par la force des choses et justifiable. Dans ce cas, ladite personne sera admise, pour fournir cette preuve, à déposer comme tout autre témoin.

Tout patron de navire anglais qui fera sortir son navire dans des conditions de navigabilité susceptibles de faire

courir des risques à la vie d'une personne quelconque, sera
réputé coupable d'un crime ou délit, à moins qu'il ne
fournisse la preuve que l'expédition dudit navire dans de
telles conditions d'innavigabilité a été nécessitée par un
cas de force majeure. Il pourra, pour établir sa justifica-
tion, déposer comme tout autre témoin,

Les poursuites à diriger en conséquence de la présente
section ne pourront être ordonnées que de la part et avec
l'approbation du ministère du commerce (*Board of Trade*)
ou de l'administration de la colonie anglaise dans laquelle
la procédure doit avoir lieu.

Aucune punition pour délit ou crime ne pourra être
appliquée par voie de jugement sommaire.

*Obligations de l'armateur vis-à-vis de l'équipage en ce qui
concerne la sûreté du navire.*

Art. 5. — Toutes les conventions explicites ou impli-
cites pour l'exécution d'un service passées entre l'armateur et le patron, ou un marin quelconque d'un navire, de
même que tous les contrats d'apprentissage à bord, en-
traîneront, malgré les infractions contraires, obligation
pour l'armateur, le patron et les agents affectés soit au
chargement du navire, soit à son armement pour le voyage,
soit à son expédition en mer, de faire raisonnablement
tous leurs efforts pour assurer, au moment du départ, la
navigabilité du navire en vue du voyage à entreprendre et
pour la maintenir dans un état satisfaisant durant le voyage.
Cependant, rien de ce qui est dit dans la présente section
n'engagera la responsabilité de l'armateur à raison de
l'expédition en mer d'un navire en mauvais état de navigabilité, s'il est prouvé qu'en pareil cas ladite expédition
était justifiée par des causes de force majeure.

Pouvoir de détenir les navires dangereux (unsafe) *et procédure relative à cette détention.*

Art. 6. — Un navire anglais se trouvant dans un des ports du Royaume-Uni et qui, soit par suite du mauvais état de sa coque, de la nature de son équipage, de sa machine, soit à cause d'une surcharge ou d'un arrimage défectueux, est dans de mauvaises conditions de navigabilité, sans pourtant faire courir de sérieux dangers à la vie des hommes, eu égard à la nature du service auquel il est affecté, ce navire (ci-après signalé comme périlleux [*unsafe*]) pourra être provisoirément retenu pour être visité. A la suite de cette visite, il sera détenu définitivement, ou relâché dans les cas ci-après :

1° Lorsqu'à la suite de plaintes, ou autrement, le ministère du commerce a lieu de penser qu'un navire anglais présente des dangers pour la navigation (*unsafe*), il peut en ordonner la détention provisoire pour le faire visiter.

2° Dès qu'un navire aura été ainsi retenu, on devra notifier sans retard et par écrit au patron les motifs de cette mesure. Le ministère du commerce pourra, s'il le juge nécessaire, nommer une commission chargée de procéder à la visite du navire et de lui remettre un rapport circonstancié.

3° A la réception de ce rapport, le ministère du commerce décidera s'il y a lieu de restituer le navire ou bien s'il convient d'en maintenir la détention d'une manière plus ou moins absolue, suivant qu'il jugera nécessaire ou non d'ordonner l'exécution de réparations ou modifications, déchargement, rechargement de la cargaison, de manière à assurer la mise en état du navire et à sauvegarder la vie de l'équipage. Le ministère du commerce pourra toujours modifier ces dispositions lorsqu'il le jugera utile.

4° Si la détention définitive est résolue, on devra notifier au patron la teneur du rapport. L'armateur ou le patron pourra, dans un délai de sept jours à partir de ladite notification, interjeter, en due forme, appel devant la cour d'inspection ci-après mentionnée, du port ou du district où le navire est détenu.

5° Lorsqu'un navire se trouve en détention provisoire, l'armateur ou le patron a la faculté, avant l'enquête de l'inspecteur prévue par la présente section, de demander qu'il soit adjoint audit inspecteur telle autre personne que lui, armateur ou patron, aura choisie sur la liste des assesseurs de la Cour d'inspection (laquelle est composée ainsi qu'il est dit plus loin). Dans ce cas, lorsque l'inspecteur et l'assesseur seront d'accord, le ministère du commerce ordonnera la restitution du navire ou en maintiendra la détention. Lorsqu'il y aura désaccord, le ministère du commerce pourra agir comme si la demande n'avait pas été faite, mais alors l'armateur et le patron auront le droit d'interjeter appel du rapport de l'inspecteur, comme il est dit dans la présente section.

6° Dans le cas de détention provisoire d'un navire, le ministère du commerce peut toujours, s'il le trouve bon, renvoyer le débat devant la cour d'inspection du port ou du district où le navire est retenu.

7° S'il croit que le navire détenu conformément au présent acte peut naviguer sans danger, le ministère du commerce peut en ordonner la restitution avec ou sans conditions.

8° En vue d'assurer pour le mieux l'exécution de la présente section, le ministère du commerce pourra, avec l'assentiment de la Trésorerie, nommer, de temps à autre, des agents compétents en nombre suffisant, qu'il aura la faculté de destituer à volonté.

9° Tout agent ainsi commissionné et désigné dans le présent acte sous le nom d'officier de détention (*Detaining officer*) aura les prérogatives dévolues au ministère du commerce en vertu de la présente section, c'est-à-dire qu'il pourra ordonner la détention provisoire d'un navire pour le faire visiter, et convoquer la commission destinée à procéder à cette inspection. S'il reconnaît qu'un navire détenu ne présente aucun danger pour la navigation, il peut en ordonner la restitution.

10° L'officier de détention doit faire connaître sans retard au ministère du commerce toute mesure prise par lui pour la détention ou la restitution d'un navire.

Constitution d'une cour d'inspection pour les appels.

Art. 7. — La cour d'inspection d'un port ou district se composera d'un juge et de deux assesseurs.

Le juge à désigner pour entendre la cause, conformément aux règlements dressés en conséquence du présent acte, sera choisi sur une liste (périodiquement approuvée par un des principaux secrétaires d'État de Sa Majesté, lequel est désigné, dans le présent acte, sous la dénomination de : « un secrétaire d'État »), de commissaires des naufrages nommés en vertu du présent acte, de magistrats salariés ou de la police métropolitaine et d'autres personnes notables. Mais, pour toute affaire spéciale où le ministère du commerce jugera utile d'instituer un commissaire des naufrages, celui-ci sera juge.

Les assesseurs à désigner devront être choisis parmi les personnes versées dans la science du génie maritime ou dans toute autre connaissance spéciale. Le ministère du commerce désignera l'un des assesseurs, soit d'une manière générale, soit pour chaque affaire. L'autre assesseur, suivant les règlements établis conformément au présent acte, sera choisi par le greffier de la cour, parmi les personnes périodiquement nommées à cet effet, par la commission locale du port, ou, à défaut de semblable commission, par un comité d'armateurs ou de négociants de l'endroit, agréé par un secrétaire d'État. S'il n'existait pas de liste de ces personnes, cet assesseur serait nommé par le juge. Si un secrétaire d'État trouvait nécessaire, à une époque quelconque, sur l'indication du gouvernement d'une possession britannique ou du gouvernement d'un état étranger, d'inscrire en supplément les noms d'autres personnes, les noms de ces personnes seraient ajoutés à ladite liste et y resteraient jusqu'à ce que le secrétaire d'État en eût décidé autrement. S'il n'existait pas de semblable liste, les noms de ces personnes formeraient liste à part.

Le greffier de la cour du comté ou toute autre personne compétente choisie par le secrétaire d'État, remplira les fonctions de greffier, et aussitôt qu'on lui donnera avis d'un appel ou d'un renvoi au ministère du commerce, il convoquera la cour sans délai en procédant ainsi qu'il suit :

Le nom du greffier, la composition de son bureau et les règlements établis en conformité du présent acte pour la cour d'inspection seront publiés dans les formes ordinaires.

Pouvoirs et procédure de la cour d'inspection.

Art. 8. — Pour ce qui se rapporte à la cour d'inspection, on suivra les dispositions ci-après :

1° La cause sera débattue en séance publique.

2° Le juge et chaque assesseur pourront procéder à la visite du navire. Leurs pouvoirs, pour ladite cause et aux fins du présent acte, seront ceux d'un inspecteur nommé par le ministère du commerce en vertu de l'acte de 1854 concernant la marine marchande.

3° Il sera loisible au juge de désigner une ou plusieurs personnes pour visiter le navire et adresser à la cour un rapport sur son état.

4° Le juge aura, comme le ministère du commerce, le pouvoir de prescrire la restitution ou la détention définitive du navire. Toutefois, et à moins qu'un des assesseurs se prononce pour la détention, le navire sera restitué.

5° L'armateur et le patron ou toute autre personne désignée par eux et ainsi que toute personne nommée par le ministère du commerce pourront prendre part à la visite faite en vertu de la présente section.

6° Le juge transmettra au ministère du commerce le rapport réglementaire. Chaque assesseur est tenu de signer ledit rapport, sinon de faire connaître au ministère du commerce les motifs de son abstention.

Forme de la procédure devant la cour d'inspection.

Art. 9. — Le Lord chancelier de la Grande-Bretagne pourra, de temps en temps (avec le consentement de la Trésorerie, en ce qui concerne les honoraires), établir des règlements généraux, les rappeler, les amender et y introduire de nouvelles clauses pour la mise en vigueur du présent acte, relativement à la cour d'inspection, et plus spécialement en ce qui se rapporte à la réunion de la cour, à son mode de procédure ainsi qu'à la caution à donner, en cas d'appel, pour les frais et dommages-intérêts, au montant et à l'application des honoraires et à la publicité des arrêtés.

Tous ces arrêtés produiront leurs effets comme s'ils avaient été formulés en vertu du présent acte. — L'expression *prescrit* employée dans le présent acte et relative à la détention du navire, ou à la cour d'inspection, signifie prescrit par ces arrêtés.

Responsabilité du ministère du commerce et de l'armateur en ce qui concerne les frais et les dommages-intérêts.

Art. 10. — Dans le cas où il semblerait n'avoir existé aucune raison justifiable ou plausible, basée soit sur l'état du navire, soit sur l'incurie personnelle de l'armateur, pour retenir provisoirement un navire, le ministère du commerce pourra être condamné à payer à l'armateur les frais que lui auront occasionnés la détention et la visite du navire, ainsi qu'une somme, à titre d'indemnité pour les pertes et préjudices qu'il pourra avoir éprouvés de ce fait.

Si un navire est définitivement retenu en vertu des dispositions du présent acte, ou s'il est jugé qu'un navire provisoirement retenu était, au moment de sa détention, reconnu dangereux (*unsafe*) dans le sens du présent acte, l'armateur dudit navire sera tenu de payer au ministère du commerce les frais directs et indirects résultant de la détention et de l'inspection du navire. Ces frais, sans préjudice de tout autre recours, seront perçus de la même manière que les frais de sauvetage.

Pour les fins du présent acte, les frais de procédure directs ou indirects devant une cour d'inspection, de même que la somme nécessaire pour rémunérer l'inspecteur ou l'agent du ministère du commerce, seront censés être compris dans les frais de détention et de visite du navire. Tout litige relatif à la quotité des frais résultant de l'application du présent acte pourra être déféré à l'examen d'un des maîtres ou greffier de la cour suprême de judicature, qui, sur demande à eux transmise par le ministère du commerce, arrêtera et réglera le chiffre équitable de ces frais.

Il pourra être intenté, à l'occasion des frais ou de l'indemnité à payer par le ministère du commerce, en vertu de la présente section, une action ou procès au secrétaire dudit ministère, en son titre officiel, comme s'il répondait d'une personne morale; si l'action se produit en Irlande, il sera loisible à toute cour supérieure de droit commun d'Irlande devant laquelle le débat aura été porté, d'ordonner que la requête soit signifiée au *solicitor* (avoué) de la Couronne et de la Trésorerie pour l'Irlande, dans les formes et suivant les conditions relatives aux délais que la cour appréciera, et cette signification sera considérée comme valable et suffisante de même que si elle avait été faite au secrétaire du ministère du commerce.

Droit d'exiger du plaignant un cautionnement
en garantie des frais.

Art. 11.—L'orsqu'une plainte aura été adressée au ministère du commerce ou à un agent de détention, qu'un navire anglais présente des dangers pour la navigation, le ministère ou l'agent pourra, s'il est nécessaire, exiger du plaignant un cautionnement, dont le montant sera déterminé par le ministère, pour la garantie des frais et indemnités dont il pourrait devenir passible, comme il est dit ci-après.

Toutefois, lorsque la plainte aura été faite par un quart, en nombre inférieur à trois, des hommes de l'équipage, et si dans la pensée du ministère ou de l'agent, ladite plainte n'est ni gratuite, ni malintentionnée, ce cautionnement ne devra pas être exigé, et le ministère ou l'agent, si la plainte est venue suffisamment à temps avant la mise à la voile du navire, devra prendre les mesures utiles pour constater si le navire doit être détenu en vertu du présent acte.

Lorsqu'un navire est détenu à la suite d'une plainte et qu'il se trouve dans des conditions telles que le ministère du commerce pourrait être condamné, en vertù du présent acte, à payer à l'armateur du navire des frais ou une indemnité quelconque, le plaignant sera tenu de payer au ministère du commerce le montant de toutes les dépenses et de l'indemnité que le ministère aura encourues ou pourrait être condamné à payer au sujet de la détention ou de la visite du navire.

Dispositions supplémentaires relatives à la détention des navires.

Art. 12. — 1° Tout agent de détention aura, dans l'exercice de ses fonctions, en vertu du présent acte, les mêmes pouvoirs qu'un inspecteur désigné par le ministère du commerce en vertu de l'acte relatif à la marine marchande de 1854.

2° Tout ordre provisoire ou définitif pour la détention d'un navire et toute disposition modifiant ledit ordre devront être notifiés, dans le plus bref délai, au patron du navire.

3° Un navire détenu en vertu du présent acte ne sera pas relaxé sous prétexte de l'annulation de son inscription sur les registres britanniques.

4° Pour les fins de l'inspection d'un navire exécutée en vertu du présent acte, tout agent préposé à cette visite pourra monter à bord du navire, l'examiner dans tous ses détails, machines, équipement et cargaison, et prescrire le déchargement ou le remaniement de la cargaison, du lest et des agrès.

5° Les dispositions de l'acte relatif à marine marchande de 1854, en ce qui concerne les personnes qui entravent sciemment un inspecteur, ou qui ne se rendent pas à la réquisition et à l'ordre de l'inspecteur, sont applicables comme si ces dispositions avaient été édictées en vertu du présent acte, en substituant à l'inspecteur tout juge, assesseur, agent ou *surveyor* qui, en conséquence du présent acte, a les mêmes pouvoirs qu'un inspecteur, ou est préposé à la visite d'un navire.

III. — NAVIRES ÉTRANGERS. — SURCHARGE.

Application aux navires étrangers des dispositions relatives
à la détention.

Art. 13. — Lorsqu'un navire étranger, après avoir embarqué la totalité ou une partie de sa cargaison dans un port du Royaume-Uni, se trouvera, étant encore dans ce port, dans un état dangereux pour prendre la mer, à cause de la surcharge ou du mauvais arrimage de son fret, les dispositions du présent acte relatives à la détention des navires seront appliquées à ce navire étranger comme s'il s'agissait d'un navire anglais, sauf les modifications ci-après :

1° Une copie de l'ordre de détention provisoire du navire sera adressée sans délai à l'agent consulaire de l'État auquel appartient le navire, résidant dans la localité même ou dans la localité la plus rapprochée de l'endroit où le navire est retenu.

2° Lorsqu'un navire aura été provisoirement retenu, l'agent consulaire pourra, sur la demande de l'armateur ou du patron du navire, exiger que l'agent désigné par le ministère du commerce pour procéder à la visite du navire soit accompagné par telle autre personne que l'agent consulaire aura désignée ; et, dans ce cas, si cette personne et l'inspecteur se trouvent d'accord, le ministère du commerce fera détenir ou relâcher le navire, conformément à leur avis ; mais, s'il ne sont pas d'accord, le ministère du commerce pourra agir comme si ladite demande n'avait pas été formulée, et l'armateur ainsi que le patron pourront en appeler à la cour d'inspection dans les formes prescrites ci-dessus par le présent acte.

3° Lorsque l'armateur ou le patron du navire aura interjeté appel devant la cour d'inspection, l'agent consulaire, sur la requête dudit armateur ou patron, pourra désigner une personne compétente qui, en pareil cas, remplira les fonctions d'assesseur, au lieu et place de l'assesseur qui, si le navire eût été anglais, aurait été nommé autrement que par le ministère du commerce.

Dans la présente section l'expression *agent consulaire* s'applique à tout consul général, vice-consul, agent consulaire, ou autre fonctionnaire reconnu par un secrétaire d'État comme agent du service consulaire d'un État étranger.

|Appels pour refus de certificats conformément aux actes concernant la marine marchande et les passagers.

Art. 14. — Attendu qu'en vertu de la section 319 de l'acte de 1854, concernant la marine marchande, et des actes modificatifs, l'armateur d'un vapeur à passagers, ainsi qu'il est spécifié dans ledit acte, est tenu de faire procéder à la visite dudit bâtiment par un inspecteur des constructions navales ou du génie maritime ; que ces agents sont obligés de dresser des rapports sur certains points relatifs à la navigabilité et à la régularité du rôle du navire, à son équipement, aux limites au delà desquelles il deviendrait impropre à la navigation, au nombre de passagers qu'il peut transporter et aux autres détails mentionnés dans ladite section ; que le ministère du commerce est tenu, d'après la section 312 du même acte, de délivrer un certificat en conformité de ces déclarations et que le vapeur à passagers ne pourra régulièrement se mettre en route sans être nanti de pareil certificat ;

Attendu que, d'après les sections 11 et 50 de l'acte de 1855, relatif aux passagers, et les actes qui les modifient, un navire à passagers, selon le sens de ces sections (indiqué dans le présent acte comme navire à émigrants), ne peut légalement lever l'ancre sans être muni d'un certificat de congé délivré par un agent d'émigration ou par tout autre agent mentionné dans lesdites sections, certificat constatant qu'on s'est conformé aux prescriptions desdites sections et desdits actes, que le navire, dans l'opinion de l'agent, est apte à naviguer et que l'équipage ainsi que les passagers sont dans une situation satisfaisante pour faire le voyage, et autres particularités y mentionnées ;

Attendu qu'en vertu de la section 30 de l'acte modificatif de l'acte de 1862, relatif à la marine marchande, on a édicté des dispositions en vue de prévenir, dans certaines circonstances, le départ en mer d'un navire non muni d'un certificat délivré par un inspecteur ou par l'agent désigné par le ministère du commerce, certificat constatant que le navire se trouve convenablement pourvu de fanaux et des appareils nécessaires pour faire des signaux de brume ;

Et attendu que, dans certains cas, il convient d'admettre l'appel ci-après désigné :

Il est arrêté, par les présentes, que, si un armateur se trouve lésé :

1° Par le certificat d'un inspecteur des constructions navales ou par un inspecteur du génie relativement à un vapeur à passagers, en vertu des sections précédentes, ou par suite du refus d'un inspecteur de faire ledit rapport;

2° Par le refus du certificat de congé, conformément aux susdites sections ;

3° Par le refus d'un certificat relatif aux fanaux ou aux signaux de brume, en conséquence des susdites sections;

L'armateur pourra interjeter appel, dans les formes prescrites, devant la cour d'inspection du port ou du district où le navire se trouve.

Sur cet appel, le juge de la cour d'inspection fera au ministère du commerce un rapport sur la question pendante et le ministère du commerce, après s'être assuré qu'on s'est conformé aux prescriptions du rapport et aux autres dispositions desdits actes, pourra :

1° S'il est question d'un navire à passagers, délivrer un certificat, conformément à la section 312 de l'acte de 1854, relatif à la marine marchande ;

2° S'il s'agit d'un bâtiment à émigrants, délivrer ou prescrire à l'agent d'émigration, ou à tout autre agent, de délivrer le certificat de congé en conformité des susdits actes;

3° En cas de refus d'un certificat relatif aux fanaux ou appareils pour les signaux de brume, délivrer ou faire délivrer par un inspecteur ou par tout autre agent désigné par lui, un certificat conforme à la section 30 de l'acte modificatif de l'acte de 1862 relatif à la marine du commerce.

Les frais directs et indirects de tout appel interjeté en conformité de la section présente seront réglés, après la clôture de la procédure, conformément à l'ordonnance rendue par le juge de la cour d'inspection.

Dans les mêmes conditions, les clauses du présent acte se rapportant à la cour d'inspection et aux appels interjetés devront s'appliquer, autant que le comporte sa teneur, à la cour d'inspection opérant en conformité de la présente section ainsi qu'aux appels interjetés.

Toutes les fois que l'inspection d'un navire aura été effectuée pour les fins d'une déclaration ou d'un certificat; en vertu des sections qui précèdent, l'agent désigné pour procéder à la visite devra, si l'armateur y tient, être accompagné par une personne désignée par lui. Dans ce cas, si les deux personnes tombent d'accord, il ne devra point être interjeté d'appel à la cour d'inspection en conséquence de la présente section.

IV. — EXPERTS TECHNIQUES.

Renvoi des questions litigieuses à l'examen d'experts techniques.

Art. 15. — Si le ministère du commerce juge qu'un appel interjeté en vertu du présent acte soulève une question de construction, de modèle, de difficulté scientifique ou de principe important, il pourra déférer la question à l'examen d'une ou de plusieurs personnes choisies sur une liste d'experts spéciaux approuvée périodiquement par un secrétaire d'État, qui paraîtront posséder les qualités requises pour ce cas particulier. Ces personnes pourront être choisies de concert entre le ministère du commerce et l'appelant, ou bien par un secrétaire d'État, et, dans ce cas, l'appel sera jugé par le ou les experts, au lieu de l'être par la cour d'inspection.

Si l'appelant, dans un appel quelconque, le demande et donne une caution jugée suffisante par le ministère du commerce, avec engagement de payer les frais directs et indirects de l'appel, le ministère du commerce renverra l'appel à un ou plusieurs experts désignés ainsi qu'il est dit ci-dessus.

L'expert où les experts auront les mêmes pouvoirs qu'un juge de la cour d'inspection.

V. — VAPEURS A PASSAGERS ET NAVIRES D'ÉMIGRANTS.

Exemption en faveur de certains vapeurs de certificats pour passagers.

Art. 16. — Tout navire à vapeur peut transporter des passagers, pourvu que le nombre n'en dépasse pas douze, quoiqu'il n'ait pas été visité comme vapeur à passagers par le ministère du commerce et qu'il ne soit pas pourvu du certificat dudit ministère prévu par l'acte de la marine marchande de 1854 relatif aux vapeurs à passagers.

Art. 17. — Dans le cas où la législature d'une possession anglaise aurait ordonné que les vapeurs à passagers fussent visités et qu'il leur fût remis des certificats, et s'il arrivait que le ministère du commerce eût fait un rapport à Sa Majesté Britannique établissant que les certificats sont de la même teneur et ont été délivrés à la suite de la même visite et de manière à être également valables comme les certificats délivrés pour les mêmes fins dans le Royaume-Uni, en conséquence des actes concernant la marine de commerce, il sera loisible à Sa Majesté Britannique, par ordonnance :

1° De déclarer que lesdits certificats auront la même valeur que s'ils avaient été établis en vertu desdits actes ;

2° De déclarer que tout ou partie des clauses desdits actes qui sont relatives aux certificats délivrés pour vapeurs à passagers en vertu desdits actes s'appliqueront, avec ou sans les amendements que Sa Majesté Britannique jugera utiles, aux certificats auxquels se rapporte l'ordonnance ;

3° D'imposer telles conditions et d'établir tels règlements relativement auxdits certificats, à leur usage, à leur délivrance et à leur annulation qu'il plaira à Sa Majesté Britannique de prescrire, et d'imposer des amendes ne s'élevant pas au delà de cinquante livres sterling pour toute infraction à ces clauses et à ces règlements.

Dispositions pour empêcher la double inspection des vapeurs à passagers et des navires à émigrants.

Art. 18. — Toutes les fois qu'un certificat de passagers aura été délivré à un vapeur par le ministère du commerce, en exécution de l'acte de 1854 relatif à la marine marchande, et dans le cas où ce certificat resterait encore en vigueur, il ne sera pas nécessaire pour l'emploi de ce vapeur, en vertu des actes qui se rapportent aux passagers, qu'il soit de nouveau visité en sa coque et en ses machines pour le déclarer propre au service, d'après l'acte de 1855 relatif aux passagers et les actes modificatifs ; mais pour l'emploi, sous le régime desdits actes, le certificat du ministère du commerce sera considéré comme remplissant les conditions requises par les actes relatifs aux passagers en ce qui concerne cette visite, et l'on s'abstiendra de toute visite ultérieure de la coque et de la machine. Tant qu'un vapeur aura le caractère d'un navire à émigrants, c'est-à-dire d'un navire à passagers, dans le sens de l'acte relatif aux passagers et des actes modificatifs, et que les clauses insérées dans lesdits actes relatifs aux passagers en ce qui concerne l'inspection de sa coque, de ses machines et de son équipement, auront été observées, ce vapeur ne sera pas soumis aux dispositions de l'acte de la marine marchande de 1854 en ce qui concerne l'inspection et le certificat des vapeurs à passagers, ainsi qu'aux modifications dudit acte.

Disposition relative à la visite des vapeurs étrangers à passagers et des navires étrangers à émigrants.

Art. 19. — Au cas où un navire étranger serait soit un vapeur à passagers tenu à l'observation des clauses de l'acte de 1854 relatif à la marine marchande et des actes modificatifs, soit un navire à émigrants soumis aux clauses de l'acte de 1855 relatif aux passagers et autres actes qui l'ont modifié, et dans le cas où le ministère du commerce aurait constaté, à l'aide d'un certificat étranger légalisé par l'agent consulaire anglais du port d'inspection, que ce navire a été officiellement visité dans un port étranger, et aurait reconnu que les conditions stipulées par lesdits actes ou par un desdits actes, ont été bien observées, le ministère du commerce pourra, s'il le juge bon, dispenser le navire de toute inspection nouvelle en ce qui concerne les conditions requises déjà constatées, et donner, ou faire délivrer par un de ses agents un certificat qui aura la même valeur que s'il avait été délivré après une visite faite conformément auxdits actes ou à l'un deux. Cependant Sa Majesté Britannique pourra, par décision prise en conseil, déclarer que la présente section ne s'appliquera pas à une inspection officielle pratiquée dans un port étranger, où il paraîtrait à Sa Majesté Britannique

que des dispositions réciproques ne sont pas appliquées aux navires anglais.

Faculté d'amender les actes relatifs aux passagers en ce qui se rapporte à la nourriture, à l'espace et au logement à bord des navires à émigrants.

Art. 20. — Il sera loisible au ministère du commerce, s'il a reconnu que la nourriture, l'espace, le logement ou toute autre chose fournis à bord d'un navire à émigrants, pour une catégorie quelconque de passagers, sont supérieurs à la nourriture, au logement et autres choses exigées par l'acte de 1855, relatif aux passagers, et les actes modificatifs, d'exempter ce navire des conditions requises par lesdits actes en ce qui se rapporte à la nourriture, à l'espace, au logement ou autres détails, de la manière et aux conditions que le ministère du commerce jugera convenable.

Disposition relative aux signaux de détresse, aux feux inextinguibles et aux bouées de sauvetage à bord des vapeurs à passagers et des navires à émigrants.

Art. 21. — Tout navire à passagers de long cours, ainsi que tout navire à émigrants, devra être pourvu, à la satisfaction du ministère du commerce :

1° Des moyens de faire, pendant la nuit, les signaux de détresse indiqués dans la première annexe de l'acte de 1873, relatif à la marine marchande ou dans tout règlement modificatif, y compris les moyens de faire à bord du navire des feux inextinguibles dans l'eau ou tout autre procédé de faire des signaux de détresse que le ministère du commerce aura préalablement approuvé ;

2° D'un approvisionnement convenable de feux inextinguibles dans l'eau et disposés de manière à pouvoir être attachés à des bouées de sauvetage.

Au cas où un semblable vapeur ou navire partirait d'un des ports anglais sans être ainsi pourvu, conformément aux conditions exigées par la présente section, l'armateur sera passible, pour chaque contravention, s'il est reconnu en faute, d'une amende de 50 livres au maximum.

VI.—CARGAISON DE GRAINES ET DE CÉRÉALES. — ARRIMAGE
DE LA CARGAISON.

Art. 22. — Aucune cargaison dont plus d'un tiers consisterait en une sorte quelconque de graines, riz, paddy, (riz avec sa cosse), légumes, semences, noix ou amandes ci-après désignés comme cargaison de grains, ne devra être transportée par un navire anglais à moins qu'elle ne soit renfermée dans des sachets, des sacs, des barils, ou protégée contre toute cause de déplacement par des planches, des cloisons ou autres dispositions.

Si l'armateur, directeur ou patron d'un navire anglais, ou un agent quelconque de l'armateur préposé soit au chargement du navire, soit à son expédition, permet sciemment que tout ou partie d'une cargaison de grains y soit aménagé pour être transporté contrairement aux dispositions de la 1re section, il sera passible, pour chaque infraction, d'une amende ne dépassant pas 300 livres et payable sur jugement sommaire.

VII. — CHARGEMENT SUR LE PONT.

*L'espace occupé sur le pont par la cargaison est passible
des droits.*

Art. 23. — Dans le cas où un navire anglais ou étranger autre que les navires pratiquant le cabotage sur les côtes

anglaises mentionnés dans l'acte de 1854 relatif à la marine marchande transporterait, comme cargaison de pont,
c'est-à-dire sur une partie découverte du pont ou dans
un espace couvert non compris dans le contenu cubique
formant le tonnage enregistré du navire, des bois de charpente, des approvisionnements ou d'autres marchandises,
tous les droits de tonnage du navire seront perçus comme
si l'on avait ajouté au tonnage enregistré du navire celui
de l'espace occupé par lesdits matériaux au moment où
les droits doivent être perçus.

L'espace ainsi occupé sera considéré comme étant l'espace limité par la superficie occupée par les objets et par
des lignes droites renfermant un espace rectangulaire
suffisant pour y contenir lesdits objets.

Le tonnage de cet espace sera vérifié par un délégué
du ministère du commerce, de la manière indiquée dans
la sous-section de la section 21 de l'acte de 1854, relatif
à la marine marchande, et, une fois constaté, sera porté
par lui sur le journal du bord et inscrit sur un bordereau
délivré au patron qui, lorsqu'on lui réclamera les droits,
aura à produire ledit bordereau comme certificat d'enregistrement, ou, dans le cas d'un navire étranger, le document équivalent à un certificat d'enregistrement, faute de
quoi il sera passible de la même amende que s'il n'avait
pas produit ledit certificat ou document.

*Amende pour le transport en hiver de cargaisons de bois
de construction sur le pont.*

Art. 24. — A compter du 1er novembre 1876, si un
navire anglais ou étranger arrive, entre le 31 octobre et
le 16 avril d'une année quelconque, dans un des ports du
Royaume-Uni, avec une cargaison sur le pont, c'est-à-dire

sur un espace découvert du pont, ou dans un espace couvert non compris dans le contenu cubique formant le tonnage enregistré du navire, des marchandises en bois comprises dans la nomenclature suivante :

a) Des bois de charpente équarris, ronds, waney ou autres ; en bois de sapin, acajou, chêne, teak, ou autres bois durs quelconques ;

b) Plus de cinq espars de rechange ou d'approvisionnement taillés, façonnés, ou définitivement préparés pour le service ;

c) Des planches de sapin, des voliges ou d'autres objets en bois léger, quelle qu'en soit la nature, à une hauteur s'élevant de 3 pieds au-dessus du pont,

Le patron du navire ou l'armateur, si la contravention est à sa connaissance, sera puni d'une amende de 5 livres au maximum, par chaque cent pieds cubes de marchandises en bois portées en contravention à la présente section, et cette amende pourra être recouvrée par action au civil et au criminel, ou par une somme ne dépassant pas 100 livres (quel que soit le chiffre de l'amende) à recouvrer par jugement sommaire.

Toutefois, aucun patron et aucun armateur ne pourra être, en vertu de la présente section, frappé d'amende :

1° A raison de marchandises en bois que le patron aura jugé nécessaire de placer ou de maintenir sur le pont pendant le voyage par suite d'une voie d'eau ou de toute autre avarie reçue ou redoutée pour le navire ;

2° S'il est reconnu que le navire est parti du port où les marchandises en bois ont été embarquées comme cargaison de pont, antérieurement au dernier jour d'octobre, c'est-à-dire avant un intervalle de temps suffisant, eu égard à la durée moyenne du voyage, pour que le navire arrivât audit port du Royaume-Uni avant cette époque, mais qu'il en a été empêché par le mauvais temps ou des causes de force majeure ;

3° S'il est constaté que le navire est parti du port où les marchandises en bois ont été chargées comme cargaison de pont, à une époque antérieure au 16 avril qui fournissait un intervalle suffisant, suivant la durée ordinaire du voyage, pour l'arrivée du navire après cette date dans ledit port du Royaume-Uni, et que, par suite d'un voyage très-favorable, le navire y est parvenu avant ce jour.

Cependant, aucune disposition de la présente section ne devra s'appliquer à un navire qui, n'étant pas destiné à un port quelconque du Royaume-Uni, est entré dans un des ports de ce royaume par suite de gros temps, pour y subir des réparations ou pour tout autre motif que celui de débarquer sa cargaison.

VIII. — LIGNES DE PONT ET DE FLOTTAISON.

Manière de tracer les lignes de pont.

Art. 25. — Tout navire anglais (excepté les navires au-dessous de 80 tonneaux *register* affectés au cabotage, les bateaux de pêche et les yachts de plaisance) devra être marqué, d'une manière permanente et visible, de lignes n'ayant pas moins de 12 pouces de longueur et un pouce de largeur, tracées longitudinalement à la peinture à l'huile sur chaque flanc du navire, par le travers, ou aussi près que possible, et indiquant la position de chaque pont au-dessus de la flottaison.

Le bord supérieur de chaque ligne sera de niveau, à l'endroit de la marque, avec le plan supérieur du plancher du pont près de la gouttière.

Les lignes seront peintes en blanc ou en jaune sur un fond sombre, ou en noir sur un fond clair.

Manière de marquer les lignes de flottaison sur les navires anglais à destination de pays étrangers.

Art. 26. — En ce qui se rapporte à la manière de marquer la ligne de chargement sur les navires anglais, on suivra les dispositions suivantes :

1° L'armateur de tout navire anglais (excepté les navires de moins de 80 tonneaux *register* affectés exclusivement au cabotage, les navires de pêche et les yachts de plaisance) devra, avant de faire sa déclaration à la sortie d'un port quelconque du Royaume-Uni en vue d'un voyage pour lequel ladite déclaration de sortie est exigée, ou, en cas d'empêchement, le plus tôt possible après, faire peindre, sur chacun des côtés de son navire, par le travers, ou le plus près possible, en blanc ou jaune sur fond sombre, ou en noir sur fond clair, un disque circulaire de 12 pouces de diamètre traversé en son centre par une ligne horizontale de 18 pouces de longueur.

2° Le milieu de ce disque indiquera le niveau maximum en eau de mer, auquel l'armateur se propose de charger le navire pour le voyage.

3° Il devra également introduire dans la formule de déclaration délivrée au collecteur ou à tout autre agent principal de la douane, l'énoncé par écrit de la distance en pieds et pouces existant entre le centre de ce disque et le bord supérieur de chacune des lignes indiquant la position des ponts du navire situés au-dessus de ce centre.

4° A défaut de la production de cet énoncé pour un navire quelconque, tout agent de la douane pourra refuser d'enregistrer le navire pour la sortie.

5° Le patron du navire sera tenu de reproduire la copie de cet énoncé dans le contrat avec l'équipage avant la signature dudit contrat par les hommes de l'équipage, et aucun surintendant d'un bureau de marine de commerce ne pourra procéder à l'enrôlement de l'équipage avant que ladite inscription n'ait été effectuée.

6° Le patron du navire sera également obligé d'inscrire la copie dudit énoncé dans le livre de *Loch officiel* (journal de navigation).

7° Quand un navire aura été marqué ainsi qu'il vient d'être indiqué dans la présente section, il gardera cette marque jusqu'à son premier retour dans un port de débarquement du Royaume-Uni.

Manière de marquer la ligne de flottaison sur les navires de cabotage.

Art. 27. — En ce qui concerne la marque à faire d'une ligne de chargement sur les navires anglais affectés au cabotage, on se conformera aux prescriptions ci-après :

1° Le propriétaire d'un navire anglais de cabotage employé sur les côtes anglaises (excepté les navires au-dessous de 80 tonneaux *register*, exclusivement affectés à ce commerce) devra, avant le départ dudit navire d'un port, faire marquer sur chacun des côtés, par le travers ou le plus près possible, en blanc ou jaune sur fond sombre ou en noir sur fond clair, un disque de 12 pouces de diamètre traversé par son centre d'une ligne horizontale de 18 pouces de longueur.

2° Tant que le propriétaire du navire ne donnera pas avis d'une modification quelconque, le centre de ce disque indiquera la ligne de charge *maxima* en eau de mer, au niveau de laquelle il se propose de charger son navire.

3° Le propriétaire sera tenu également, et il devra s'y conformer une fois dans l'espace de douze mois, de faire remettre ou délivrer avant le départ du navire, au collecteur ou à tout autre agent principal des douanes du port d'enregistrement du navire, une déclaration écrite constatant la distance en pieds et en pouces qui existe entre le centré du disque et le bord supérieur de chacune des lignes indiquant la position des ponts au-dessus de ce centre.

4° De même, lorsqu'un remplacement ou une modification du disque aura été effectuée, le propriétaire devra, avant le départ du navire, faire remettre ou délivrer au collecteur ou à tout autre agent principal des douanes du port d'enregistrement du navire, l'avis écrit de ce remplacement ou modification, avec la même indication formulée de la manière ci-dessus, de la distance existant entre le centre du disque et le bord supérieur de chacune des lignes de pont.

5° Faute de faire remettre, ou d'envoyer l'avis ou l'énoncé susdit exigé par la présente section, le propriétaire sera passible d'une amende ne s'élevant pas au delà de 100 livres.

6° Lorsqu'un navire aura été marqué de la manière indiquée par la présente section, il sera considéré comme marqué dans les mêmes conditions tant qu'il n'aura pas été donné avis d'une modification.

Amende pour contravention aux règles relatives au tracé des lignes sur les navires.

Art. 28. — Tout armateur ou patron qui n'aurait pas fait marquer son navire de la manière prescrite par le présent acte, qui aurait négligé de le tenir ainsi marqué, ou qui autoriserait que le navire fût chargé au point de submerger dans l'eau de mer le centre du disque, de même que toute personne qui cacherait, enlèverait, modifierait, effacerait, oblitérerait, ou qui permettrait à un individu quelconque placé sous ses ordres de cacher, enlever, modifier, effacer ou oblitérer lesdites marques, si ce n'est dans le cas où les détails indiqués par ces marques auraient été légalement modifiés, ou si ce n'est dans le but d'éviter d'être capturé par un ennemi, sera passible, pour chaque contravention, d'une amende ne dépassant pas 100 livres.

Si une des marques exigées par le présent acte se trouve inexacte, à un point de vue quelconque, et telle qu'elle puisse induire en erreur, l'armateur du navire sera frappé d'une amende ne dépassant pas 100 livres.

IX. — ENQUÊTES RELATIVES AUX ACCIDENTS MARITIMES.

Nomination, devoirs et pouvoirs des commissaires des naufrages pour procéder aux enquêtes relatives aux sinistres maritimes.

Art. 29. — Afin de rendre plus expéditives et plus efficaces les enquêtes relatives aux accidents de mer, le lord grand chancelier de la Grande-Bretagne pourra nommer une ou plusieurs personnes compétentes aux fonctions de commissaire des naufrages pour le Royaume-Uni, à la condition que le nombre de ces commissaires ne dépasse pas à la fois le chiffre de trois, et de pouvoir révoquer l'un ou l'autre de ces commissaires des naufrages. Dans le cas où il deviendrait nécessaire de nommer en Irlande un commissaire des naufrages, le lord chancelier d'Irlande aura le pouvoir de le nommer et de le révoquer.

Le commissaire des naufrages devra, à la demande du

ministère du commerce, procéder à une enquête formelle relative à la perte ou à l'accident (désignés dans le présent acte sous le titre : *Accidents maritimes*), conformément aux prescriptions de la section 8 de l'acte relatif à la marine marchande de 1854. A cet effet, il aura la même juridiction et les mêmes pouvoirs que ceux qui sont conférés par ledit acte à deux juges de paix, et toutes les dispositions des actes de 1854 et de 1876, concernant les enquêtes effectuées en vertu de la 8ᵉ section de l'acte relatif à la marine marchande de 1854, seront applicables aux enquêtes faites par un commissaire des naufrages.

Assesseurs et formes de la procédure pour les enquêtes formelles relatives aux sinistres maritimes.

Art. 30. — Le commissaire des naufrages, les juges ou autres autorités procédant à une enquête formelle à l'occasion d'un accident de navire, effectueront cette enquête avec l'assistance d'un ou de plusieurs assesseurs versés dans les questions relatives au génie maritime ou à toute autre science spéciale. Ces assesseurs seront désignés par le commissaire, les juges ou les autorités, et choisis sur une liste approuvée, à cette époque et à ces fins, par un secrétaire d'État.

Dans le cas où le commissaire, les juges ou les autorités penseraient que l'enquête pourrait entraîner l'annulation, ou la suppression du certificat d'un patron ou d'un officier en second, ils devront, s'il est possible, désigner une personne compétente dans le service de la navigation marchande, pour remplir les fonctions d'un des assesseurs.

Chaque assesseur devra, ou signer le rapport dressé au

sujet de l'enquête, ou faire connaître au ministère du commerce les raisons pour lesquelles il n'a pas cru devoir concourir au rapport.

Le lord grand chancelier de la Grande-Bretagne pourra, de temps en temps, du consentement de la trésorerie, pour ce qui est des honoraires, arrêter, rappeler, modifier et augmenter les mesures générales pour la mise à exécution des ordonnances concernant les enquêtes relatives aux accidents maritimes, et surtout en ce qui concerne la réunion des assesseurs, le mode de procédure, les parties, les personnes aptes à comparaître, la signification à transmettre à ces parties ainsi qu'aux personnes intéressées, le montant et l'application des honoraires.

Toutes ces mesures générales, tant qu'elles demeureront en vigueur, produiront leurs effets comme si elles avaient été prescrites par le présent acte.

Toute enquête formelle relative à un accident de mer sera instruite de manière que, si une plainte est formulée contre une personne quelconque, cette personne ait le moyen de produire sa défense.

Pouvoirs accordés aux commissaires des naufrages d'ouvrir une enquête relativement aux navires en détresse, en vertu de l'acte des années 17 et 18 du règne de Victoria, chap. CIV, sect. 448.

Art. 31. — Un commissaire des naufrages pourra, à la requête du ministère du commerce, provoquer, de son propre mouvement ou par l'intermédiaire d'un substitut agréé par ledit ministère, la même enquête que pourrait ouvrir un receveur des naufrages en vertu de la section 448 de l'acte relatif à la marine marchande de 1854, et, dans ce but, il aura les pouvoirs attribués par ladite section à un receveur des naufrages.

Pouvoirs d'ouvrir des enquêtes simples ou formelles relatives à des navires échoués ou supposés perdus.

Art. 32. — Ces pouvoirs pourront s'exercer dans les cas suivants :

1° Toutes les fois qu'un navire quelconque aura échoué ou éprouvé des avaries sur les côtes ou à proximité des côtes du Royaume-Uni, ou qu'un navire anglais aura échoué ou éprouvé des avaries ailleurs, et qu'un témoin se trouvera dans une localité quelconque du Royaume-Uni.

2° Toutes les fois qu'un navire anglais se sera perdu ou sera supposé s'être perdu et qu'il sera possible de se procurer dans le Royaume-Uni des renseignements sur les circonstances dans lesquelles ce navire est parti en voyage de même que sur l'époque où l'on a reçu pour la dernière fois de ses nouvelles.

Le ministère du commerce pourra (sans préjudice de l'action des autres puissances), s'il le juge nécessaire, faire procéder à une enquête formelle, et les dispositions des actes relatifs à la marine marchande de 1854 à 1876 s'appliqueront à cette enquête comme si elle était faite en vue de la huitième partie de l'acte de 1854 relatif à la marine marchande.

Lieu de l'enquête.

Art. 33.—Une enquête personnelle relative à un accident maritime pourra être faite dans tout endroit indiqué à cet effet par le ministère du commerce, et tous les actes relatifs à l'autorisation d'instruire l'enquête auront, pour les fins de ladite enquête, les mêmes effets que si le lieu ainsi indiqué était un endroit désigné pour l'exercice de la juridiction ordinaire de ce pouvoir.

X. — DIVERS.

Mode à suivre pour la détention du navire.

Art. 34. — Dans le cas où, conformément aux actes de 1854 à 1876 relatifs à la marine marchande ou en vertu de ces actes, autorisation ou ordre est donné de détenir un navire, tout officier commissionné en activité dans le service militaire ou maritime de Sa Majesté Britannique ou tout agent du ministère du commerce ou des douanes, ou bien tout agent consulaire anglais aura pouvoir de faire détenir le navire. Si, à la suite de cette détention, ou après signification au patron de l'avis ou ordonnance pour cette détention, le navire prend la mer avant d'être restitué par les autorités officielles, le patron, l'armateur ou toute autre personne qui aura expédié le navire sera, si l'armateur ou l'expéditeur avait eu connaissance de la contravention ou y avait participé, frappé d'une amende payable à Sa Majesté Britannique et ne dépassant pas 100 livres.

Au cas où un navire prenant ainsi la mer emporterait un agent chargé de le détenir, ou un inspecteur, ou un agent du ministère du commerce ou de la douane s'y trouvant dans l'exercice de ses fonctions, l'armateur et le patron du navire seront, chacun, passibles du paiement de tous les frais directs ou indirects de l'agent, ou de l'inspecteur ainsi emporté en mer, et, de plus, d'une amende ne dépassant pas 100 livres ; ou, si la contravention n'est pas l'objet d'un jugement sommaire, d'une amende ne dépassant pas 10 livres pour chaque jour, jusqu'à ce que

l'agent ou l'inspecteur soit revenu, ou jusqu'à telle époque
qui lui donnerait la faculté de revenir au port d'où il a été
enlevé. Ces frais pourront être recouvrés de la même manière que l'amende.

Signification du jugement au patron, etc.

Art. 35. — Lorsqu'il y aura lieu, pour l'accomplisse-
ment d'une disposition quelconque du présent acte, de
faire signifier au patron d'un navire, un jugement, un
avis, une déclaration ou un document quelconque, cette
signification sera faite, s'il n'y a pas de patron et si le
navire se trouve dans le Royaume-Uni, au représentant de
l'armateur du navire, ou, s'il n'y a pas de représentant de
l'armateur, à un de ses agents résidant dans le Royaume-
Uni. Si pareil agent est inconnu ou ne peut être trouvé,
on affichera une copie de la signification sur le mât du
navire.

Tout jugement de la sorte, avis, déclaration ou document pourra être signifié au moyen de la remise d'une
copie de la pièce à la personne même à laquelle elle doit
être signifiée, ou en laissant la signification à son dernier
lieu de résidence, ou, s'il s'agit d'un patron, en la laissant
à son adresse à bord du navire entre les mains de la personne ayant ou paraissant avoir le commandement ou la
conduite du navire.

Quiconque entraverait la signification au patron d'un
navire d'un jugement, d'un avis ou d'un document sera
passible d'une amende ne dépassant pas 10 livres, et, si
l'armateur ou le patron du navire prend part à cet empêchement ou en a connaissance, il se rendra coupable
d'un délit.

*L'armateur-gérant ou le gérant d'un navire devra être
immatriculé.*

Art. 36.— Le nom et l'adresse de l'armateur-directeur
d'un navire anglais enregistré dans un port ou dans un
lieu quelconque du Royaume-Uni seront enregistrés au
bureau de la douane du port où le navire aura été immatriculé.

Dans le cas où il n'existerait pas d'armateur-directeur,
on enregistrera de la même manière le nom du gérant du
bord ou de toute autre personne à laquelle la direction
du navire est confiée par l'armateur ou dans son intérêt.
Toute personne dont le nom aura été ainsi immatriculé,
sera, pour les fins des actes relatifs à la marine marchande, soumise aux mêmes obligations et aux mêmes responsabilités que si elle était l'armateur-directeur lui-
même.

Faute de se conformer aux dispositions de la présente
section, l'armateur, ou, s'il y a plusieurs armateurs,
chaque armateur sera frappé, en proportion de sa part
dans le navire, d'une amende ne dépassant pas en tout
100 livres, chaque fois que le navire sortira d'un port quelconque du Royaume-Uni.

*Pouvoir donné à Sa Majesté Britannique d'appliquer à des
navires étrangers, par voie d'ordonnances royales, certaines
dispositions des actes relatifs à la marine marchande.*

Art. 37. — Lorsqu'on aura fait connaître à Sa Majesté
Britannique que le gouvernement d'une nation étrangère
désire que des dispositions quelconques des actes de 1854
à 1876 relatifs à la marine marchande ou de tout autre
acte qui serait ultérieurement passé pour les amendes,
s'appliquent aux navires de ladite nation, il sera loisible

à Sa Majesté Britannique, par ordonnance royale, de déclarer que telles desdites dispositions mentionnées dans ladite ordonnance seront mises en vigueur (sauf les exceptions, s'il y en a, indiquées dans ladite ordonnance), et ainsi, aussi longtemps que l'ordonnance sera maintenue, ces dispositions s'appliqueront (sauf lesdites exceptions) aux navires de cette nation de même qu'aux armateurs, patrons, marins et mousses de ces navires, lorsqu'ils ne seront pas dans une localité placée sous la juridiction de ladite nation, et de la même manière et sous tous les rapports, comme si ces navires étaient des navires anglais.

Dispositions relatives à l'ordonnance royale.

Art. 38. — Lorsque Sa Majesté Britannique est autorisée, en vertu de l'acte de 1854 relatif à la marine marchande ou de tout autre acte passé ou qui serait passé ultérieurement pour l'amende, de rendre une ordonnance royale en conseil, il sera loisible à Sa Majesté Britannique de rendre de temps en temps pareille ordonnance royale, et, par cette ordonnance, de révoquer, modifier ou augmenter toute ordonnance royale précédente.

Toute dite ordonnance royale sera publiée dans la *Gazette de Londres* et soumise aux deux chambres du Parlement dans le délai d'un mois après la première réunion du Parlement.

Une fois publiée dans la *Gazette de Londres*, ladite ordonnance aura son effet à partir de la date de la publication ou de toute date ultérieure indiquée dans l'ordonnance, de la même manière que si elle avait été adoptée par le Parlement.

Honoraires. — Appointements. — Frais.

Art. 39. — Le 1er janvier 1877, et à partir de ce jour, tous les droits à payer relativement à l'inspection ou au jaugeage des navires, en exécution des actes de 1854 à 1876, relatifs à la marine marchande, ou relativement aux services rendus par toute personne employée, en vertu de l'acte concernant les passagers, continueront à être payés au chef d'un bureau de marine marchande, aux époques et de la manière prescrite périodiquement par le ministère du commerce. Ces droits seront versés ensuite à la recette du Trésor de Sa Majesté Britannique dans les formes que la trésorerie indiquera, suivant les circonstances, et seront passés en compte des fonds consolidés du Royaume-Uni dont ils feront partie.

A dater du même jour, les honoraires des inspecteurs nommés en exécution des actes relatifs à la marine marchande, ainsi que les frais qui se rapportent à la visite et au jaugeage de navires par application desdits actes, et la part des traitements et des frais des personnes employées en vertu de l'acte de 1855 relatif aux passagers, qui jusqu'à ce jour a été payée sur les fonds de la marine marchande sera acquittée sur les fonds votés par le Parlement, et la trésorerie exercera sur ces appointements et frais le même contrôle que celui exercé jusqu'ici par le ministère du commerce.

On pourra, à l'aide des fonds votés par le Parlement, payer à tout commissaire des naufrages, juge de cour d'inspection, assesseur, greffier de cour d'inspection, agent chargé de la détention, arbitre, expert technique et autres agents ou personnes nommées en conséquence du présent acte, tel traitement ou telle rémunération (s'il y a lieu) que la trésorerie prescrira suivant les circonstances.

On pourra acquitter sur les fonds votés par le Parlement, tous frais et toute indemnité payables par le ministère du commerce en exécution du présent acte.

Procédures légales pour contravention.

Art. 40. — Pour les fins de la pénalité, de la juridiction et de la procédure légale, toute contravention au présent acte sera considérée comme une infraction prévue par les actes de 1854 relatifs à la marine marchande.

Application de l'acte à l'Écosse.

Art. 41. — Pour l'application à l'Écosse du présent acte :

La clause relative à une poursuite ne pouvant être introduite que par le ministère du commerce, ou avec son consentement, ne lui sera point applicable ;

L'expression : *Juge d'une cour de comté* sera censée comprendre tout *shériff*, ou *substitut de shériff*.

L'expression : *Greffier d'une cour de comté* sera censée comprendre le clerc d'un shériff ;

L'expression : *Maître de la cour suprême de judicature* désignera le *Remembrancer* de la Reine et du lord trésorier.

Application de l'acte à l'Irlande.

Art. 42. — Pour l'application du présent acte à l'Irlande :

L'expression : *Juge d'une cour de comté* sera considérée comme comprenant le président d'un comté (*chairman*) et le greffier d'un bourg ;

L'expression : *Greffier d'une cour de comté* sera censée comprendre le secrétaire des juges de paix, le greffier ou tout autre agent remplissant les fonctions de greffier de la cour du président *(chairman)* d'un comté, ou du greffier d'un bourg ;

L'expression : *Magistrat salarié* sera censée s'appliquer à tout juge de paix de la ville de Dublin et à tout magistrat résidant ;

L'expression : *Maître de la cour suprême de judicature* désignera un des maîtres des cours supérieures de droit commun en Irlande.

Application de l'acte à l'Ile de Man.

Art. 43. — Pour l'application du présent acte à l'île de Man :

L'expression : *Juge d'une cour de comté* désignera le *Water-bailiff* ;

L'expression : *Magistrat salarié* désignera un *high bailiff* ;

L'expression : *Greffier d'une cour de comté* désignera le secrétaire d'un *deemster*, ou le secrétaire des juges de paix ;

L'expression : *Maître de la cour suprême de judicature* désignera le maître des archives *(clerk of the rolls)*.

Exception pour les eaux intérieures des colonies.

Art. 44. — Aucune disposition du présent acte ne pourra s'appliquer à un navire spécialement employé à faire le commerce ou à faire le trajet d'une place à une autre dans une rivière ou sur une eau intérieure dont tout ou partie se trouverait dans une possession anglaise, et les dispositions du présent acte concernant la cargaison sur le pont ne seront point applicables à la cargaison sur pont d'un navire faisant le cabotage d'une possession anglaise.

XI. — ABROGATION DE CERTAINS ACTES.

Art. 45. — A dater de la mise à exécution du présent acte, les actes mentionnés dans la première partie du tableau ci-annexé, et, à compter du 1er janvier 1877, les actes désignés dans la deuxième partie du tableau ci-joint seront abrogés, dans les limites indiquées dans la troisième colonne dudit tableau.

Néanmoins, tout agent désigné en vertu de l'un ou de l'autre desdits actes sera considéré comme ayant été nommé en vertu du présent acte, et toute ordonnance royale rendue conformément à un desdits actes sera censée avoir été rendue en vertu du présent acte. Cependant ledit appel ne s'appliquera pas :

1° A ce qui aurait été exécuté ou toléré par application d'un des actes abrogé par les présentes ;

2° A tous droits, pouvoirs, devoirs, obligations ou responsabilités, acquits, imposés ou encourus en 'exécution d'un des actes abrogé par les présentes ;

3° A toute amende ou peine encourue pour infraction à un des actes abrogés par les présentes ;

4° A toute procédure judiciaire se rapportant à ces droits, pouvoirs, devoirs, obligations, responsabilités, amendes ou peines. Toutes ces procédures judiciaires pourront être poursuivies comme si le présent acte n'avait pas été adopté.

XII. — TABLEAUX.

Première partie.

Actes abrogés à dater du jour de la mise en vigueur du présent acte.

SECTIONS et chapitres.	TITRES.	PARTIES ABROGÉES.
17ᵉ et 18ᵉ années du règne de Victoria.	Acte relatif à la marine marchande de 1854.	Sous-section 4 de la section 301. La partie de la section 318 qui exige que l'armateur d'un navire transmette les déclarations y mentionnées. La section 434. La section 437, à partir de : « dans le cas où il l'exigerait » inclusivement, jusqu'à la fin de la section. La section 449.
34ᵉ et 35ᵉ années du règne de Victoria, chap. CX..	Acte relatif à la marine marchande de 1871.	Section 11.
36ᵉ et 37ᵉ années du règne de Victoria, chap. LXXXV.	Acte relatif à la marine marchande de 1873.	Section 11, 12, 13 et 14.
38ᵉ et 39ᵉ années du règne de Victoria, chap. LXXXVIII.	Acte relatif à la marine marchande de 1875.	La totalité de l'acte.

Deuxième partie.

Actes abrogés à partir du 1ᵉʳ janvier 1877.

SECTIONS et chapitres.	TITRES.	PARTIES ABROGÉES.
17ᵉ et 18ᵉ années du règne de Victoria, chap. CIV.	Acte relatif à la marine marchande de 1854.	Sous-section 2 de la section 418.
35ᵉ et 36ᵉ années du règne de Victoria, chap. LXXIII.	Acte relatif à la marine marchande de 1872.	Section 14.

Nancy, imp. Berger-Levrault et Cⁱᵉ.